Marlene Jablonski • Barbara Peters

Freundinnengeschichten
zum Lesenlernen

Mit Bildern von Larisa Lauber
und Ramona Wultschner

Ravensburger

Bibliografische Information der Deutschen Nationalbibliothek:

Die Deutsche Nationalbibliothek verzeichnet diese Publikation
in der Deutschen Nationalbibliografie.
Detaillierte bibliografische Daten sind im Internet
über http://dnb.d-nb.de abrufbar.

1 3 5 4 2

Ravensburger Leserabe
Diese Ausgabe enthält die Bände
„Das große Ballettfieber" von Marlene Jablonski
mit Illustrationen von Larisa Lauber,
„Reiterhof Sonnenglück" von Barbara Peters
mit Illustrationen von Ramona Wultschner.
© 2018 Ravensburger Verlag GmbH

© 2024 Ravensburger Verlag GmbH
Postfach 2460, 88194 Ravensburg
für die vorliegende Ausgabe

Umschlagbild: Larisa Lauber
Konzept Leserätsel: Dr. Birgitta Reddig-Korn
Printed in Germany
ISBN 978-3-473-46360-2

ravensburger.com
www.leserabe.de

Inhalt

Klebe nach jeder gelesenen Geschichte
einen Stern-Sticker in dein Bild!
Das Bild zur Geschichte findest
du auf Seite 46/47.

Klebe nach jeder gelesenen Geschichte
einen Stern-Sticker in dein Bild!
Das Bild zur Geschichte findest
du auf Seite 88/89.

Nach den Leserätseln kannst du
einen Leseraben-Sticker einkleben!

Viel Spaß
beim Lesen, Rätseln und Stickern!

Marlene Jablonski

Das große Ballettfieber

Mit Bildern von Larisa Lauber

Inhalt

Die Figuren

Clea
ist sehr selbstsicher.
Sie ist immer
geradeheraus und
für jeden Spaß
zu haben.

Jana,
der Sonnenschein
der Truppe, hat einen
älteren Bruder. Doch
selbst der bringt sie
nicht aus der Ruhe.

Mia

ist schüchtern,
aber äußerst einfühlsam.
Sie malt gerne
und ist sehr kreativ.

Applaus im Ballettstudio

Jana, Mia und Clea
sind allerbeste Freundinnen.
Alle drei haben sich angesteckt.
Und zwar mit dem Ballettfieber!
Sie tanzen für ihr Leben gerne.
Doch gerade stehen
sie lieber.
Mit großen Augen
beobachten sie
von der Tür aus
ihre Lehrerin.
Still und heimlich
bewundern sie jede
ihrer Tanzbewegungen.

Nach und nach treffen auch
die anderen Ballettschüler ein.
Auch die genießen schweigend
die kleine Ballettvorführung.
Zur klassischen Musik
schwebt Frau Zipp wie eine Fee
durch das Ballettstudio.
Als die Musik verstummt,
bricht heftiger Applaus aus.

„Bravo!", jubelt Jana.

„Das war der Hammer!", ruft Clea.

Nur Mia ist immer noch sprachlos.

„Ich habe euch gar nicht bemerkt."

Frau Zipp lächelt verlegen.

„Kommt schnell rein, Kinder.

Wir haben heute viel vor.

Ihr lernt eine Pirouette.

Das ist eine Drehung."

„Meinen Sie, wir werden mal
so gut wie Sie?", fragt Jana.
„Mit Sicherheit." Frau Zipp nickt.
„Ihr müsst nur fleißig üben."
„Dann werden wir
ganz berühmt", schwärmt Clea.
„Und ich schaue mir
alle eure Auftritte an",
fügt Frau Zipp hinzu.

„Ich liebe Ballettaufführungen."
Frau Zipp ist ganz verträumt.
„Aber das letzte Ballett,
das ich gesehen habe,
ist ewig her", seufzt sie.

Vielsagend schauen
die Freundinnen sich an.
Sie haben dieselbe Idee.
Bevor sie ihre Köpfe aber
zusammenstecken können,
wird erst einmal getanzt.

Nach dem Aufwärmen an der Stange
wiederholen sie die Grundpositionen.
Die können alle richtig gut.
Die neue Figur hingegen
ist etwas kniffliger.
Für Clea kein Problem.
Sie schafft die Übung auf Anhieb.
Jana braucht einige Anläufe.
Doch auch sie meistert die Drehung.

Nur bei Mia will es nicht klappen.
„Keine Sorge, Mia. Das wird schon",
sagt Frau Zipp ermutigend.
„Von wegen", murmelt Mia.
„So werde ich nie
den Schwan tanzen können.
Das reicht höchstens
für das schwarze Schaf, määäh!"

Leserätsel

Findest du die Wörter?

AUGENTÜRLEHRERIN

BALLETTVORFÜHRUNGMUSIKFEE

APPLAUSKINDERPIROUETTE

DREHUNGAUFTRITTSTANGE

18

Findest du den richtigen Weg?

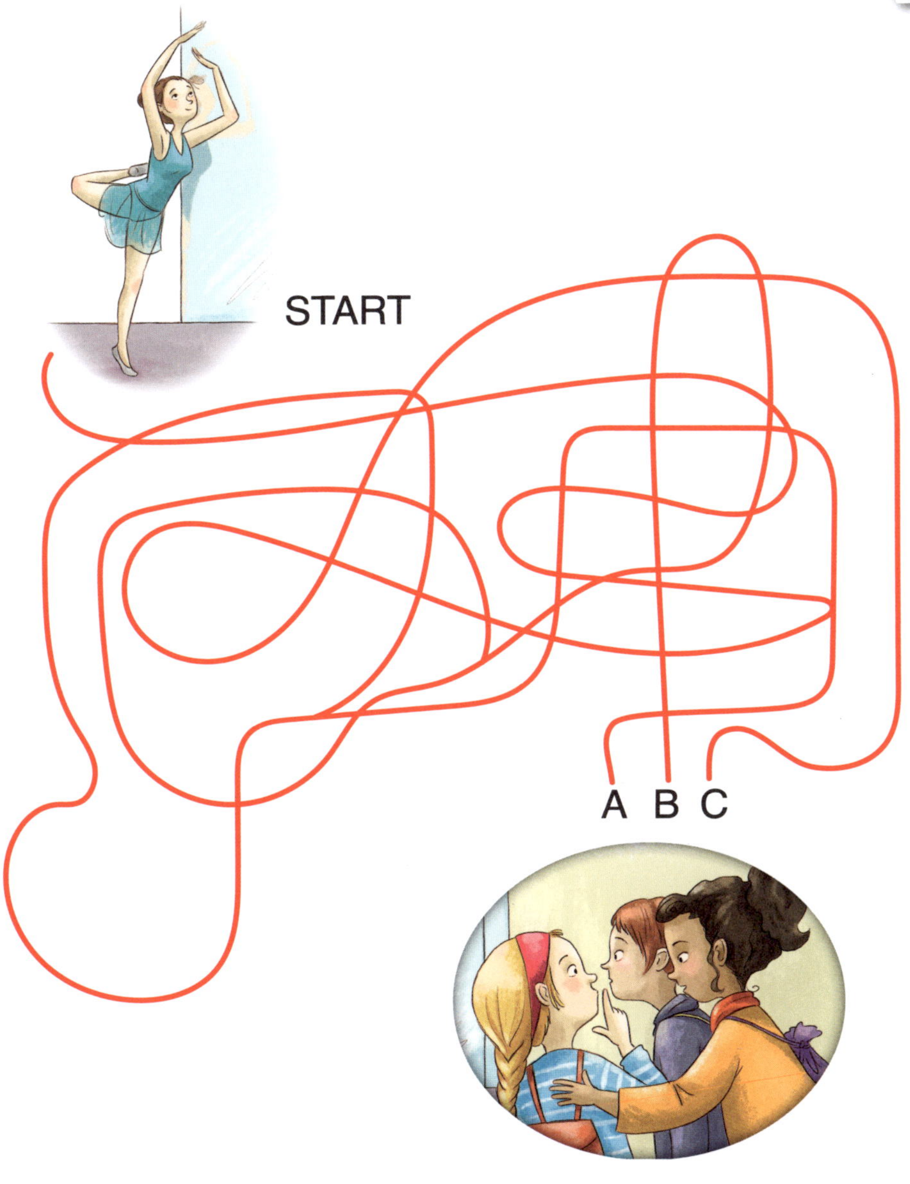

START

A B C

19

Schmetterlingsflügel im Hofgarten

„Eine super Idee, Mädels!",
jubelt Jana nach der Ballettstunde.
Im Hofgarten machen sie eine Pause.
Am Rosenbusch schmieden sie Pläne.
„Das wird eine tolle Überraschung:
Eine eigene Ballettaufführung!"
Jana ist ganz aufgeregt.
„Frau Zipp wird begeistert sein",
meint Mia voller Vorfreude.

Die Freundinnen sind bester Laune.
Sie sprudeln über vor Ideen.
„Wir bauen die Pirouette ein,
die wir heute gelernt haben",
sagt Clea auf einmal.
Mia schaut betrübt zu Boden.
„Was ist, Mia?", fragt Jana.
„Ich kann die Pirouette nicht."
„Ach, die ist nicht so schwer."
Clea winkt ab.
„Du hast leicht reden.
Du kannst sie ja", erwidert Mia.

„Wenn du willst,
verrate ich dir meinen Trick."
Clea pflanzt sich auf den Rasen.
„Ein Trick?" Mia ist ganz Ohr.
„Du musst nur
die Augen schließen", sagt Clea.
„Hä?" Mia versteht nicht,
wie ihr das helfen soll.
„Los, versuch es", drängt Jana.
Also schließt Mia die Augen.

„Jetzt stell dir vor,
wie du die Drehung machst",
fährt Clea fort.
„Au!", jault Mia plötzlich.
„Hat dich eine Biene gestochen?",
fragt Jana besorgt.
„Nein, ich bin auf dem Po gelandet."
Clea schüttelt den Kopf.
„Du sollst dir vorstellen,
wie du die Drehung SCHAFFST."

„Ach, so."
Mia schließt erneut die Augen.
Und diesmal klappt es!
Sie strahlt zufrieden.
„Gleich noch mal!",
feuern Jana und Clea Mia an.
Mia nimmt Haltung an.

Dann beginnt sie zu tanzen.
Und zwar ganz wirklich!
Jana und Clea sind hingerissen.
Mia tanzt wie ein Engel.
Und dann hebt sie auf einmal ab.
Sie dreht sich in der Luft
und landet sauber auf den Füßen.

Clea und Jana klatschen begeistert.

„Das war einfach spitze!"

Jana ist aus dem Häuschen.

„Wahnsinn!" Clea ist ganz baff.

„Danke", haucht Mia schüchtern.

„Es fühlte sich an,

als hätte ich Flügel".

„Die hast du auch." Clea grinst.

„Hm?" Mia schaut verdattert drein.

„Auf deinem Kopf", erklärt Jana.

Mia schielt nach oben.
Da erhebt sich plötzlich
ein Schmetterling von ihrem Kopf.
Im Wind tänzelnd fliegt er davon.

Leserabe
Leserätsel

Kannst du die Buchstaben in die richtige Reihenfolge bringen?

Der erste Buchstabe ist rot.

SEUA**P**

AUEN**L**

_____

_____

ICKR**T**

E**N**RSA

_____

_____

Welches Mädchen hat Lampenfieber?

Rätsel 4

Ihr Oberteil hat die Farbe Blau.

In ihren Haaren ist ein Band.

Sie steht außen.

Sie trägt eine Hose.

Es ist nicht Jana.

Generalprobe im Kinderzimmer

Nachmittags proben die Mädchen
in Janas Zimmer.
Im Zimmer nebenan poltert es.
Janas Bruder Jan hat Besuch.
Sein Kumpel Tim und er
veranstalten anscheinend
einen Schreiwettbewerb.
Konzentriert gehen die Mädchen
noch mal die Schrittabfolge durch.
„Irgendetwas fehlt da noch",
stellt Mia mitten im Tanz fest.

„Vielleicht – JA! Wie wäre es
mit einer Hebefigur?", fragt Jana.
Begeistert reißt Mia die Augen auf.
„Tolle Idee!"
Sofort versuchen sie
sich gegenseitig hochzuheben.
Doch es ist zwecklos.

„Wir sind nicht stark genug",
seufzt Mia schließlich enttäuscht.
„Wir nicht. Aber DIE vielleicht!"
Clea deutet auf das Krachzimmer.
„Vergiss es." Jana winkt ab.
Da macht mein Bruder nicht mit."
„Fragen kostet nichts", sagt Clea.
Prompt marschiert sie los.
Gefolgt von Mia und Jana,
stürmt Clea in Jans Zimmer.

Mit einem Mal sind die Jungs still.
„Wir brauchen eure Hilfe",
beginnt Clea ohne Umschweife.
„Wobei?", fragt Jan.
Schnell weihen die Mädchen
Jan und Tim in ihren Plan ein.
„Und was haben wir
von dem Gehopse?",
will Tim wissen.

„Gehopse?" Empört stemmt Clea
die Hände in die Hüften.
„Wie wäre es mit einem Eis?",
schlägt Jana beschwichtigend vor.
Die Jungs überlegen kurz.
„Einverstanden!", sagen sie dann.

„Aber nur unter einer Bedingung."
Jan schaut die Mädchen ernst an.
„Und die wäre?", erkundigt Mia sich.
„Wir ziehen keine Strumpfhosen an!"

Leserabe
Leserätsel

Rätsel 5 **Welche Silben gehören zusammen?**

NICHTS

TET

GEN

FRA

KOS

Findest du die sechs Unterschiede?

Lösungen
Rätsel 5: Fragen kostet nichts
Rätsel 6: Haarband, Eiskugel, Punkt Strumpfhose, Knopf Radio, Haarfarbe, Streifen T-Shirt

37

Überraschung vor dem Blumenbeet

Kurze Zeit später
stehen alle gemeinsam
in Frau Zipps blühendem Vorgarten.
Clea atmet tief durch.
„Seid ihr bereit?", fragt sie.
Die Truppe nickt.
„Dann geht es jetzt los."
Sie macht die Musik an.
Alle nehmen ihre Plätze ein.

Außen stehen die Jungs.
Clea und Jana neben ihnen.
Bevor Mia ihren Platz
in der Mitte einnimmt,
drückt sie
auf die Klingel.

Frau Zipp öffnet die Haustür.
Was für eine Überraschung!
Damit hat sie nicht gerechnet.
Sie ist völlig sprachlos,
als die Aufführung beginnt.

Die drei Ballerinen tanzen,
die Jungs warten auf ihren Einsatz
und Frau Zipps Augen leuchten.

Schließlich ist es soweit.
Der Höhepunkt der Aufführung.
Mia gibt das Zeichen.
Die Jungs treten hinter Clea und Jana
und heben sie vorsichtig hoch.

Zur gleichen Zeit zeigt Mia
ihre schönste Pirouette.
Und das gleich zwei Mal.
Als die Ballerinen
ihre Aufführung beenden,
ist Frau Zipp zu Tränen gerührt.
„Bravo!" Sie applaudiert ganz laut.
Jana, Mia und Clea verbeugen sich.
„Hat es Ihnen gefallen?"
„Sie hat's furchtbar gefunden!",
zisch Jan
seine Schwester an.
„Siehst du nicht,
dass sie heult?"

„Das sind Freudentränen",
erklärt Frau Zipp.
„Mia, deine Pirouetten waren
grandios", lobt sie.
„Clea hat mir einen tollen
Trick verraten", erklärt Mia.

„Und erst die Hebefiguren ...",
schwärmt Frau Zipp weiter.
„Die waren Janas Idee", sagt Clea.

„Ihr seid ein richtig gutes Team.
Aber jede für sich war großartig!
Dafür habt ihr ein Eis verdient."
„Äh ... jeder bekommt eins für sich, ja?",
fragt Tim nach.
Mia, Jana und Clea lachen.

Finde das Lösungswort!

Außen stehen die

Mädchen **Z**

Jungs **M**

Mia drückt auf die

Klingel **U**

Taste **E**

Mia zeigt eine

Pirouette **I**

Hebefigur **F**

Frau Zipps Augen

strahlen **L**

leuchten **K**

Lösung: ☐ ☐ **S** ☐ ☐

Wörter im Versteck

In dem Rätselgitter haben sich fünf Wörter
versteckt. Findest du sie alle?

T	R	U	P	P	E
R	Q	E	W	L	T
I	Z	U	K	A	P
C	M	I	T	T	E
K	S	H	X	Z	U
J	A	U	G	E	N

Lösungen
Rätsel 7: Musik
Rätsel 8: Truppe, Trick, Plätze, Mitte, Augen

45

Hofgarten

Ballettstudio

Kinderzimmer

Blumenbeet

Manfred Mai

Reiterhof Sonnenglück

Mit Bildern von Ramona Wultschner

Inhalt

Die Figuren

Anna

lebt auf dem Reiterhof
Sonnenglück. Sie ist
eine gute Reiterin und
voltigiert für ihr Leben
gern. Ihre Mama ist
Reitlehrerin.

Bo ist der einzige Junge
beim Voltigieren auf
Hof Sonnenglück und
der beste Reiter
aus der Gruppe.

Marit ist Annas beste Freundin. Die beiden gehen in dieselbe Klasse und haben zusammen Reitunterricht. Marit liebt Tiere über alles.

Schnecke ist Annas eigenes Pony. Die kleine braune Stute ist knuffig und brav. Sie hat nur einen Fehler: Sie ist total verfressen und nascht gerne Salat aus Nachbars Garten.

51

Im Stall

Marit springt
vor Hof Sonnenglück vom Rad.
Sie zerrt das Geschenk
aus dem Fahrradkorb und läutet.
Als Anna öffnet, ruft Marit:
„Herzlichen Glückwunsch!"
„Hallo", sagt Anna leise.
„Komm rein.
Die anderen sind schon da."
Marit stutzt.
Anna sieht traurig aus.
Traurig? Am Geburtstag?

Marit gibt Anna das Geschenk.
„Danke", murmelt Anna.
Freut sie sich gar nicht?
„Was ist?", fragt Marit.
„Meine Eltern haben mir
nichts geschenkt", sagt Anna.
„Gar nichts?", fragt Marit.
Anna nickt.
Dürfen Eltern das?

Die anderen sitzen schon am Tisch.
Es gibt Kakao und Kuchen.
Superlecker!
Doch Anna isst nichts.
Sie ist ganz still,
und rührt in ihrem Kakao.
Ihre Mama aber lacht fröhlich!
Merkt sie nicht,
wie es Anna geht?
„Was hat Anna?",
fragt Bo Marit leise.

54

„Ihre Eltern haben ihr
nichts geschenkt!", flüstert Marit.
„Echt?" Bo erschrickt.
„Wo ist dein Papa?", fragt er Anna.
„Weggefahren!", murmelt sie.
Weggefahren?
Ausgerechnet heute?
Nach dem Kuchenessen
schickt Annas Mama alle in den Stall.

„Wieso in den Stall?", fragt Anna.
Ihre Mama zwinkert ihr zu
und öffnet die Haustür.
„Überraschung!", lacht sie.

Da saust Anna über den Hof.
Im Stall wartet – Annas Papa!
Neben ihm in der Stallgasse steht
ein knuffiges braunes Pony
mit großen dunklen Augen.
„Herzlichen Glückwunsch!
Das ist Schnecke!", sagt er
und gibt Anna den Führstrick.

„Ein Pony? Für mich?", fragt Anna.
Ihr Papa nickt.
„Na klar! Hast du gedacht,
du bekommst kein Geschenk?"
Anna wird rot.
Sie schüttelt den Kopf und lacht:
„Nein! Natürlich nicht!
Vielen, vielen Dank!"

Leserabe
Leserätsel

Findest du die Wörter?

KUCHENKAKAONICHTSSTALL

SCHNECKEELTERNGESCHENKMARIT

STALLGASSETISCHPONY

Findest du den richtigen Weg?

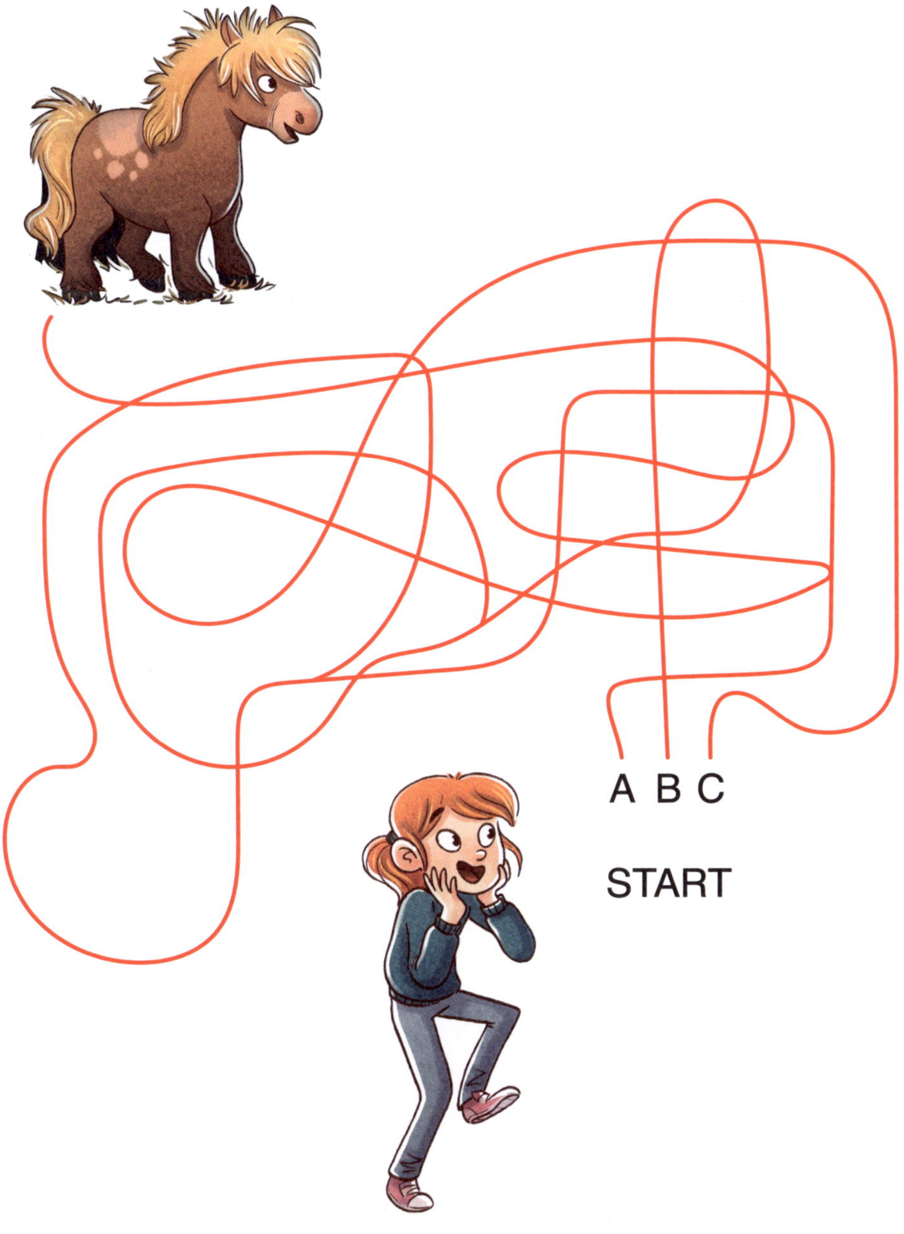

A B C

START

Rätsel 10

Mias Zuhause

Mia ist neu in der Klasse.
Marit und Anna finden,
dass sie eine Angeberin ist.
Als Marit ein neues Handy hat,
ruft Mia: „Meines war teurer!"
Sie sagt, dass sie mehr
Taschengeld bekommt als Anna
und länger fernsehen darf als Marit.
Das ist ätzend.

Heute ist Voltigier-Training.

Als Marit auf ihr Pony Stern steigt,

sieht sie Mia am Zaun.

Sie starrt zu Anna, Marit und Bo.

„Was will die?",

fragt Bo.

„Keine Ahnung", sagt Marit.

Nach der Reitstunde

kommt Mia zu ihnen.

„Sind das eure Ponys?", fragt sie.

Marit schüttelt den Kopf.

„Aber Schnecke gehört Anna!",
ruft Bo.

„Ich hab auch ein Pony. Flo!", sagt Mia.

„Er ist viel süßer als eure Ponys.

Flo steht in unserem Garten.

Ich reite jeden Tag."

Sie dreht sich hochnäsig um
und marschiert davon.

Jeden Tag reiten?

Das wünscht Marit sich auch.

„Zeigst du uns Flo?", fragt Marit
am nächsten Tag,
als es zur Pause läutet.
„Nee", sagt Mia.
„Heute habe ich Flöten."
„Und morgen?", fragt Anna.
„Mal sehen", sagt Mia
und rennt auf den Schulhof.

Doch dann kommt Mia
ein paar Tage nicht in die Schule.
Sie ist krank.
„Wir bringen ihr die Hausaufgaben",
schlägt Anna vor.
Bo nickt.
„Dann schauen wir Flo an!", sagt Marit.
„Das ist nett!",
sagt die Lehrerin
und gibt ihnen Mias Adresse.

„Hier wohnt Mia?"
Marit zeigt auf das große Mietshaus.
„Wo ist der Garten?",
wundert sich Anna.
Marit, Anna und Bo fahren
mit dem Fahrstuhl
in den fünften Stock.
Dort öffnet Mias Mama
die Wohnungstür.
„Besuch! Wie schön", sagt sie.

Mia liegt im Bett.
Sie starrt Marit, Anna und Bo
erschrocken an und zieht sich
die Bettdecke bis zum Hals.
Dann wird sie rot.
„Jetzt wisst ihr es", murmelt sie.
„Ich hab kein Pony!"
„Warum hast du gelogen?",
fragt Marit.

„Ich möchte so gerne reiten!",
sagt Mia leise.
„Aber wir haben kein Geld."
Arme Mia.
Marit und Bo schauen Anna an.
Vielleicht …

„Ich hab eine Idee!",
sagt Anna plötzlich.
„Wenn du bei uns auf dem Hof hilfst,
darfst du bestimmt mal reiten."
„Echt?", fragt Mia und setzt sich auf.

Anna, Marit und Bo nicken.

„Aber nicht mehr schwindeln, okay?",
sagt Marit.

„Nie mehr! Versprochen!"
Mia strahlt.

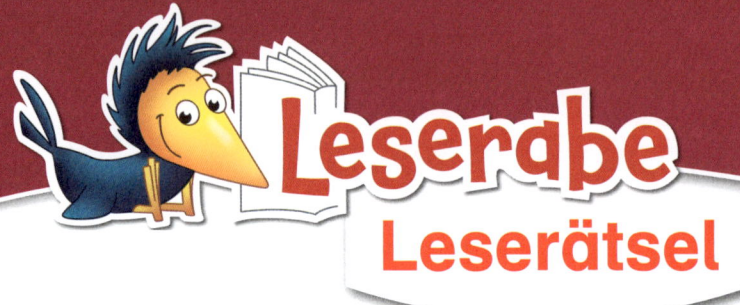

Leserätsel

Rätsel 11 **Kannst du die Buchstaben in die richtige Reihenfolge bringen?**

Der erste Buchstabe ist rot.

NELFÖT

_____

AHYDN

_____

CBHSUE

_____

EAUPS

_____

EIDE

_____

Welches Mädchen übertreibt?

Sie hat lange Haare.

Ihre Hose hat die Farbe Blau.

Sie hält kein Handy in der Hand.

Mit dem Finger zeigt sie auf sich selbst.

Auf dem Reitplatz

„Wir treten auf dem Sommerfest auf",
sagt Annas Mama zur Gruppe.
„Jeder führt eine Kür vor.
Halbe Mühle –
Bank rücklings – Fahne."
„Und Bo den Schulterstand!",
ruft Anna.
Die Mädchen klatschen
und Bo wird rot.
Er ist der einzige Junge
in der Gruppe.

„Tragen wir Tüllröckchen?",
will Anna wissen.
„Natürlich!", ruft Marit.
Bo erschrickt und fragt:
„Wer schaut zu?"
„Alle. Familie. Freunde",
sagt Annas Mama.
Bo schluckt.
„Ich muss los!", murmelt er
und rennt nach Hause.

Beim nächsten Training
kann Bo auf einmal
den Schulterstand nicht mehr!
„Was ist los?", ruft Marit
und trabt über den Reitplatz zu Bo.
„Nichts", sagt Bo.
„Aber beim Sommerfest
mach ich nicht mit."
„Warum?" Anna ist entsetzt.
Bo ist ihr bester Reiter!

„Wir – meine Eltern", stottert Bo
und beißt sich auf die Lippe.
„Wir machen einen Ausflug."
Einen Ausflug?
In drei Monaten?
„Ich rede mit deinen Eltern",
sagt Annas Mama.
Die Mädchen nicken.

Aber Bo druckst herum und sagt:
„Es gibt keinen Ausflug.
Ich kann nicht mitreiten.
Tüllröckchen!
Kevin und die anderen
lachen sich tot."
„Versteh ich!" Anna nickt.
Da hat Marit eine Idee.
„Niemand wird lachen!", sagt sie.
Als sie von ihrem Plan erzählt,
kichern alle vergnügt.

Der Auftritt wird ein großer Erfolg.
Die Zuschauer jubeln,
als drei stürmische Reiter
auf den Reitplatz galoppieren.
Den meisten Beifall bekommt Bo.
Über jemanden,
der sich in vollem Lauf
auf sein Pferd schwingt
und im Schulterstand
über den Reitplatz jagt,
lacht niemand.

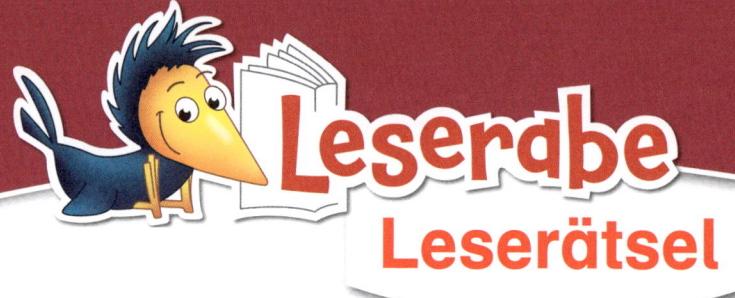

Rätsel 13   Welche Silben gehören zusammen?

WIRD

NIE

_____

_____

MAND

LA

CHEN

_____

_____

_____

Findest du die sechs Unterschiede?

Schreck auf der Koppel

Nach dem Training bringt Anna
ihr Pony auf die Koppel.
Da hört sie Marit rufen:
„Anna! Komm schnell!
Die Katzenbabys sind da!"
Anna muss sich die kleinen Kätzchen
sofort ansehen.
Wie der Blitz saust sie zur Scheune.
Im Nu hockt sie neben Marit
und bewundert die Katzenbabys.

Sie sind winzig und so niedlich.
Plötzlich erschrickt Anna.
„Oh nein!", ruft sie und springt auf.
„Ich hab das Gatter vergessen!"
Wenig später
steht sie mit Marit
vor dem offenen Gatter.
Die Koppel ist leer und
Schnecke ist verschwunden!

„Wir suchen sie", sagt Marit.
„Sie kann nicht weit sein!"
Marit und Anna suchen überall.
Sie suchen im Nachbargarten
und auf der Löwenzahnwiese
hinter der Scheune.
Nirgends ist Schnecke.

Die Mädchen laufen sogar
bis hinunter zum Bach,
doch sie finden keine Spur
von der kleinen, braunen Stute.
Als sie wieder auf dem Hof sind,
murmelt Anna:
„Was, wenn ihr etwas passiert ist?"
„Hey Anna, was hast du denn?", fragt Bo,
der gerade aus dem Stall kommt.
„Schnecke ist weg!"
Anna wischt sich über die Augen.

„Wir haben schon überall gesucht",
erklärt Marit.
„Sie ist verschwunden."
„Tatatadaaaa!", lacht Bo
und reißt die Stalltür weit auf.
In der hintersten Box steht – Schnecke!
„Als ich vorhin vom Reitplatz kam,
zuckelte sie gerade über den Hof",
erzählt Bo.

„Da habe ich sie in ihre Box gestellt.“
„Danke, Bo!“, jubelt Anna.
„Du bist nicht nur unser bester Reiter!
Du bist auch
ein toller Schneckenfänger!“
Und dann düst sie in den Stall
und umarmt ihr Pony.
Marit und Bo lächeln sich an.

Finde das Lösungswort!

Anna bringt ihr Pony
- in den Stall **N**
- auf die Koppel **G**

Schnecke ist
- in der Box **A**
- am Fluss **L**

Bo ist ein toller
- Schnakenfänger **T**
- Schneckenfänger **O**

Marit freut sich über die
- Hundebabys **C**
- Katzenbabys **P**

Lösung: ▢ ▢ **L** ▢ ▢ **P**

Wörter im Versteck

In dem Rätselgitter haben sich sechs Wörter versteckt. Findest du sie alle?

S	T	U	T	E	B
P	H	O	F	N	O
U	S	U	L	F	X
R	B	L	I	T	Z
F	O	Q	V	T	B
G	A	T	T	E	R

Lösungen
Rätsel 15: Galopp
Rätsel 16: Spur, Gatter, Stute, Box, Blitz, Hof

Im Stall

Mias Zuhause

Auf dem Reitplatz

Schreck auf der Koppel

Rätsel für die Rabenpost

Hast du die versteckten Buchstaben in den Bildern der Geschichten entdeckt?

In jedem Kapitel findest du **einen** Buchstaben.

Trage die Buchstaben der Reihe nach in die Kästchen ein.

So findest du die Lösungswörter für die Rabenpost heraus.

Lösungswörter

Das große Ballettfieber:

				F

und

Reiterhof Sonnenglück:

	Ä			

Hast du die Lösungswörter herausgefunden?
Dann kannst du jetzt tolle Preise gewinnen.

Gib die Lösungswörter auf der  -Website
www.leserabe.de ein oder schick sie mit
der Post an folgende Adresse:

An den Leseraben
Rabenpost
Postfach 2007
88190 Ravensburg
Deutschland

An
den LESERABEN
RABENPOST
Postfach 2007
88190 Ravensburg
Deutschland

Leserabe

Lesen lernen mit Spaß! 1. Klasse

Mit Büchern, memory®, Puzzle, Quartett und vielem mehr

6 – 8 Jahre

ISBN 978-3-473-46344-2

Der Leserabe bereitet Erstklässler aufs Lesenlernen vor. Die Box begleitet Kinder durch die gesamte 1. Klasse.

Drei Bücher zum Lesen und Rätseln
1 Buch Mildenberger Silbenmethode,
1 Rätselheft, 1 Mini-Buch

Silben-Quartett
mit 32 Karten

Wörter-memory®
1 memory® mit
28 Karten

ABC-Poster

2 Ausmal-Postkarten

Leseraben-Puzzle
mit 54 Teilen

Stickerbogen
mit 9 Stickern

ERZ 24 006

Sowie: 1 Türschild, 1 Leselineal, 1 Leseraben-Papierfigur, 1 Elternbroschüre mit Tipps zum Lesenlernen

Leichter lesen lernen mit der Silbenmethode

ISBN 978-3-473-**46230**-8*
ISBN 978-3-619-**14603**-1**

ISBN 978-3-473-**46275**-9*
ISBN 978-3-619-**14341**-2**

ISBN 978-3-473-**46194**-3*
ISBN 978-3-619-**14452**-5**

ISBN 978-3-473-**46193**-6*
ISBN 978-3-619-**14602**-4**

ISBN 978-3-473-**46231**-5*
ISBN 978-3-619-**14344**-3**

ISBN 978-3-473-**46274**-2*
ISBN 978-3-619-**14606**-2**

ISBN 978-3-473-**38556**-0*
ISBN 978-3-619-**14609**-3**

ISBN 978-3-473-**38553**-9*
ISBN 978-3-619-**14447**-1**

ISBN 978-3-473-**38568**-3*
ISBN 978-3-619-**14481**-5**

ISBN 978-3-473-**38565**-2*
ISBN 978-3-619-**14480**-8**

ERZ_23_004

** **Gebundene Ausgabe** bei Mildenberger * **Broschierte Ausgabe** bei Ravensburger

Lesen lernen wie im Flug!

Mit dem Leseraben vom Lesestarter zum Leseprofi

Vor-Lesestufe
Ab Vorschule

Feuerwehrgeschichten
Katja Reider · Vanessa Himmen

ISBN 978-3-473-46273-5

Wilma und ihr Hund Wuff
Judith Allert · Nadine Reitz

ISBN 978-3-473-46315-2

Drachengeschichten
Cee Neudert · Olena Kvitka

ISBN 978-3-473-46282-7

Lustige Geschichten vom 1. Schultag
Henriette Wich · Antje Hagemann

ISBN 978-3-473-46317-6

1. Lesestufe
Ab 1. Klasse
kurz+ leicht

Geheimauftrag für Ninja Komo
THiLO · Alexandra Langenbeck

ISBN 978-3-473-46313-8

Kleines Pony, großer Traum
Susanne Becker · Cathy Ionescu

ISBN 978-3-473-46352-7

1. Lesestufe
Ab 1. Klasse

Pferdegeschichten
Susanne Becker · Cathy Ionescu

ISBN 978-3-473-46099-1

Fußballgeschichten
Manfred Mai · Martin Lenz · Eike Markus

ISBN 978-3-473-46287-2

Ein fantastischer Geburtstag
Maja von Vogel · Phine Wulff

ISBN 978-3-473-46318-3

Detektivgeschichten
Judith Allert · Tessa Rath

ISBN 978-3-473-46025-0

2. Lesestufe
Ab 2. Klasse

Der Zauberfüller
Anette Langen · Michael Mantel

ISBN 978-3-473-46059-5

Ein Schatz auf dem Schulhof
Heidemarie Brosche · Stefanie Klaßen

ISBN 978-3-473-46057-1

Ballettgeschichten
Anja Fröhlich · Miriam Ben-Arab

ISBN 978-3-473-46028-1

Überfall der Weltraumpiraten
Christian Friedrich · Alexandra Langenbeck

ISBN 978-3-473-46283-4

ERZ 24 005